3 Mars 1881

Succession VAUQUELIN

BELLE COLLECTION

DE

FAÏENCES DE NEVERS

MEUBLES DU XVI SIÈCLE

TAPISSERIES, ÉTOFFES

COMMISSAIRES-PRISEURS

Me ESCRIBE | **Me BÉGUIN**
Rue de Hanovre, n° 6 | Passage Laferrière, n° 4

Assistés de **M. A. BLOCHE**, EXPERT
Rue Laffitte, n° 34

PARIS — 1881

Vve RENOU, MAULDE et COCK

IMPRIMEURS DE LA COMPAGNIE DES COMMISSAIRES-PRISEURS

Rue de Rivoli, 144

CATALOGUE

DE BELLES

FAÏENCES DE NEVERS

PIÈCES REMARQUABLES DE FORME

Jardinières, Groupes, Plats, Vases, Gourdes, Assiettes
Fontaines

SUITE DE PIÈCES A FOND GROS BLEU

MEUBLES EN BOIS SCULPTÉ DU XVIᵉ SIÈCLE

Bronzes, Cuivres, Étoffes anciennes, Tapis d'Orient

BELLES TAPISSERIES

DONT LA VENTE AURA LIEU

Par suite du décès de M. VAUQUELIN

HOTEL DROUOT, SALLE Nᵒ 2

Les Jeudi 3 et Vendredi 4 Mars 1881

A DEUX HEURES

COMMISSAIRES-PRISEURS

Mᶜ ESCRIBE	**Mᶜ BÉGUIN**
Rue de Hanovre, nᵒ 6	Passage Laferrière, nᵒ 4

ASSISTÉS DE **M. A. BLOCHE**, EXPERT

rue Lafitte, nᵒ 44

EXPOSITION PUBLIQUE

Le Mercredi 2 Mars 1881, de 1 heure 1/2 à 5 heures 1/2

PARIS — 1881

CONDITIONS DE LA VENTE

Elle sera faite au comptant.

Les Acquéreurs paieront, en sus des adjudications, CINQ CENTIMES PAR FRANC, applicables aux frais.

Aucune réclamation ne sera admise une fois l'adjudication prononcée.

DÉSIGNATION

FAIENCES DE NEVERS

1 — Très-grande et belle Vasque, de forme ovale,
supportée par quatre griffes, ornée d'anses
forme griffons et volutes. La panse renflée
présente, comme décor en polychrome, des
rondes d'amours; le col, une suite d'arabesques; à l'intérieur, au fond, un grand cartel :
le royaume de Neptune animé par les amours;
au bord, des arabesques.

Pièce de la plus haute importance, remar-
quable par l'élégance de sa forme et la richesse
de son décor. Posé sur un socle en bois sculpté,
doré par partie.

2 — Grande et belle Fontaine, décor en bleu imbriqué
de rouge de fer, forme de vase, ornée de deux
anses superposées, offrant sur le devant de la
panse un cartel à paysage encadré de coquilles,
de feuillages et de têtes en relief; de l'autre côté,
un paysage. Le col est orné de lambrequins en-
trecoupés de feuilles d'acanthes. Le robinet,
forme dauphin, est surmonté d'un mascaron.

Le couvercle orné de fleurs de lys en relief
est couronné par un buste entre deux crosses
à têtes d'hommes.

3 — Très-belle Gourde représentant sur la panse
inférieure une suite de personnages mythologiques s'agitant au milieu des flots de la mer;
autour de la panse supérieure, un paysage;
décor en polychrome.

4 — Grande et belle Statuette : *Saint Pierre assis,
tenant la clé du Paradis*; décor en polychrome.

5 — Grand et beau Groupe : *La Vierge et l'Enfant*;
décor polychrome.

6 — Grande et belle Gourde, décor style chinois à
personnages et paysages en bleu imbriqué de
rouge de fer.

7 — Grande et belle Gourde à panse aplatie, décorée
d'un côté de deux figures de guerriers, de
l'autre d'un couple galant, avec anses formées
de tritons; décor en bleu sur blanc.

8 — Gourde à panse aplatie, décorée en polychrome
d'un médaillon à quatre enfants et d'un autre
médaillon : l'Education de l'Enfant Jésus avec
anses formées de têtes de béliers.

9 — Deux jolies Coupes élevées sur piédouche, décorées au centre dans le style chinois de figures
dans des paysages avec alliances d'armoiries en
haut; sur le bord, d'arabesques et de fleurs en
bleu imbriqué de rouge de fer.

10 — Paire de Chandeliers à fuseaux quadrangulaires
et lobés, décorés de paysages, et, sur les pieds,
d'oiseaux et d'armoiries en bleu.

11 — Curieux Réchaud ou Brûle-Parfums à deux tiroirs
offrant dessus quatre rosaces à jour ralliées
par une croix décorée d'oiseaux et de fleurs
et, au centre, un médaillon figure d'amour;
décor en bleu et violet.

12 — Groupe de la *Vierge et de l'Enfant*: décor polychrome.

13 — Groupe : *Vierge et Enfant*; décor polychrome.

14 — Gourde décorée au pourtour de figures d'amours
et de femme, en bleu et jaune.

15 — Aiguière à anse, forme serpent, décorée sur la
panse de médaillons à figures en bleu sur
blanc.

16 — Gourde à panse aplatie, décor en polychrome à
médaillons, oiseaux et fleurs.

17 — Bouteille à long col décorée de personnages dans
le style chinois en bleu.

18 — Cornet à huit pans décoré en polychrome de
figures sur fond bleu.

19 — Bouteille à panse surbaissée et à long col, riche
décor, style chinois, à figures en bleu sur
blanc.

20 — Jolie Gourde, forme baril, décor en polychrome
offrant d'un côté : *Saint Jean*, et de l'autre
Sainte Catherine.

21 — Belle Jardinière de forme oblongue et lobée
décorée en polychrome avec anses à mascarons.

22 — Bouquetière forme commode; décor polychrome.

23 — Bouquetière forme commode; décor polychrome.

24 — Bouquetière, forme bateau, sur piédouche; décor
à figures en bleu.

25 — Belle Statuette représentant une sainte femme
en prière, décor polychrome.

26 — Gourde forme livre avec titre : l'*Histoire de
Bacchus*; décor polychrome.

27 — Deux grandes Gourdes décorées de fleurs, d'en-
trelacs et de coquilles en bleu sur blanc.

28 — Ecuelle à anses plates à jour; décor polychrome,
représentant au fond *saint Michel*, et au pourtour des lambrequins.

29 — Statuette du Christ, *Ecce Homo*; décor polychrome.

30 — Ecuelle décor polychrome, représentant au fond
la *Vierge et l'Enfant*.

31 — Buire, décor en bleu imbriqué de rouge de fer,
représentant un paysage animé de figures.

32 — Pichet à surprise, représentant sur la panse une
figure de Bacchus, et autour du col des rosaces
à jour en bleu et jaune.

33 — Pichet, décor paysage en bleu sur blanc.

34 — Saladier, décor en bleu et jaune sur blanc.

35 — Fontaine en forme de vase, décorée sur la panse de l'inscription : **1775**, *Magasin de faïences de Nevers, de Mme Piron et fils*. Encadrée de rinceaux, surmontée d'une couronne et ornée d'anses, forme têtes de femmes.

36 — Deux Appliques à figures de guerriers formant porte-lumière en bleu et jaune.

37 — Saladier décoré, au centre, dans le style chinois, en bleu et jaune.

38 — Saladier, décor polychrome, représentant un combat de taureaux, un berger et des animaux en polychrome. Signé *François Pinon*, 1763.

39 — Deux Statuettes, *Saint Augustin et Saint Claude*.

40 — Applique à une lumière représentant un mousquetaire ; décor en bleu et jaune.

41 — Grande et belle Gourde, décor polychrome, représentant *Saint Georges* et datée de **1765** dans la partie supérieure ; offrant *Bacchus à califourchon sur son tonneau* dans la partie inférieure, et, au pourtour, ornée de feuillages.

42 — Deux Bouteilles de forme ventrue, décorées l'une d'oiseaux, de fleurs et d'insectes ; l'autre de sujets chinois, décor en bleu et rouge de fer.

PLATS ET ASSIETTES

43 — Grand et beau Plat rond, décoré au centre de figures et de paysage ; sur le bord, de cartouches à fleurs, en bleu sur blanc.

44 — Sept très belles Assiettes décorées de *sujet mythologiques* en polychrome.

45 — Petit Plat rond représentant au centre : la *Toilette de l'Amour*, et sur le bord des arabesques; décor polychrome.

46 — Coupe plate représentant une scène pastorale; décor en polychrome.

47 — Grand et beau Plat rond, décor polychrome, offrant au centre *Saint René* et trois blasons ; au pourtour, des arabesques et des oiseaux.

48 — Grand et beau Plat rond décoré de figures dans le style chinois au centre, d'arabesques et de fleurs sur le bord en bleu sur blanc.

49 — Grand Plat rond décoré de figures d'enfants musiciens dans un paysage, rehaussé d'un blason en bleu sur blanc et offrant sur le bord une suite d'arabesques en blanc sur bleu.

50 — Grand et beau Plat, décor polychrome, paysage animé de figures et de voitures.

51 — Plat rond décor dans le style chinois à figures, bordure à fleurs et arabesques réservés en blanc sur fond bleu.

52 — Grand Plat rond riche décor, paysage arrosé par un cours d'eau animé de cavaliers, de volatiles et d'animaux en bleu sur blanc.

53 — Grand et beau Plat rond, offrant au centre un combat de cavaliers, sur le bord une suite d'arabesques et de fleurs, décor en bleu imbriqué de rouge de fer.

54 — Grand et beau Plat décor style chinois à figures, le bord divisé par compartiments est orné de fleurs en bleu sur blanc imbriqué de rouge de fer.

55 — Beau Plat rond représentant au centre l'attaque d'une forteresse, et sur le bord une suite de fleurs; décor bleu sur blanc.

56 — Beau Plat rond offrant au centre un sujet de chasse d'après *Tempesta*, et sur le bord des fleurs, décor en bleu imbriqué de rouge de fer.

57 — Assiette, décor polychrome, représentant un vaisseau, porte la date 1804.

58 — Assiette décor à paysage animé de figures, bordure à arabesques en bleu imbriqué en rouge de fer.

59 — Assiette offrant au fond un paysage animé de figures, et sur le bord des personnages, des oiseaux et des feuillages.

60 — Grand Plat représentant une chasse au sanglier, bordure à fleurs, décor en bleu imbriqué de rouge de fer.

———

FAIENCES DE NEVERS

PIÈCES DÉCORÉES EN COULEUR SUR FOND BLEU

61 — Grand et beau Plat rond, richement décoré de fleurs et d'oiseaux jaune et *sopra-bianco* sur sur fond bleu.

62 — Belle Gourde à panse aplatie, décorée de bouquets de fleurs en jaune et *sopra-bianco* sur fond bleu.

63 — Jolie Bouteille à long col et panse surbaissée, décorée de fleurs et d'oiseaux en jaune et *sopra-bianco* sur fond bleu.

64 — Joli petit Plat ovale, décoré de fleurs et d'oiseaux en jaune et *sopra-bianco* sur fond bleu.

65 — Petit Vase décoré de fleurs et d'oiseaux en jaune d'ocre et *sopra-bianco* sur fond bleu.

66 — Pot à crème, décor d'oiseaux et fleurs en jaune d'ocre et *sopra-bianco* sur fond bleu.

67 — Vase décoré de fleurs et d'oiseaux se détachant en blanc sur fond bleu.

68 — Petit Pot à crème, décor à fleurs en jaune d'ocre et *sopra-bianco* sur fond bleu.

69 — Petite Potiche avec couvercle, décor fond bleu lapis à fleurs réservées en blanc.

70 — Petit Vase décoré d'oiseaux et de fleurs en jaune et blanc sur fond bleu.

71 — Petit Pichet fond bleu, décor à fleurs en jaune et blanc.

72 — Vase fond bleu rehaussé de tulipes en jaune d'ocre et *sopra-bianco*.

73 — Petit Vase décoré d'œillets, de marguerites et d'oiseaux en jaune d'ocre et *sopra-bianco* sur fond bleu.

74 — Coupe creuse fond bleu, décorée d'oiseaux et de fleurs en blanc.

75 — Deux petits Vases fond bleu lapis, décor jaspé de blanc.

76 — Petit Vase décoré d'oiseaux et de fleurs en blanc sur fond bleu.

77 — Vase fond bleu, décoré de figures et de fleurs en blanc.

78 — Petit Plateau, fond gros bleu, rehaussé d'un bouquet de fleurs en jaune et blanc.

79 — Pichet, décoré de fleurs, d'oiseaux, et d'insectes, en blanc sur fond gros bleu.

80 — Petit Plateau, décor de fleurs et oiseaux en blanc sur fond gros bleu.

OBJETS D'AMEUBLEMENT

81 — Beau Meuble à deux corps en noyer sculpté, s'ouvrant à quatre portes, avec montants à cariatides ; xvi siècle.

82 — Très-beau Coffre en bois sculpté, offrant sur le devant cinq compartiments à personnages sous des monuments dômés, montants à fruits et feuillages ; xvi siècle.

83 — Belle Crédence, forme à pans, fond d'or, offrant en
bas-relief sur le battant central un médaillon
à figures, deux cariatides de sphynx et des ru-
bans; sur les autres faces se détachent des oiseaux, des rinceaux et des mascarons. Époque
Renaissance.

84 — Grande Cheminée, style du xvi⁰ siècle, à colonnes détachées, supportant l'entablement, surmontée d'un trumeau renfermant le portrait
d'un doge.

85 — Table rectangulaire, pieds tors à traverse:
xvi⁰ siècle.

86 — Deux grands Fauteuils couverts en velours rouge
frappé, bois de noyer; xvii⁰ siècle.

87 — Deux Chaises, même style.

88 — Grand Fauteuil, couvert de tapisserie à fleurs,
bois sculpté, xvii⁰ siècle.

89 — Petite Table, pieds forme balustre; xvi⁰ siècle.

90 — Pendule religieuse en ébène, forme monument à
quatre colonnes d'angle, avec cadran et ornements en cuivre; xvii⁰ siècle.

91 — Deux Flambeaux en cuivre, à tiges torses:
xvii⁰ siècle.

92 — Lustre en fer forgé à six lumières; xvi⁰ siècle.

93 — Paire d'Appliques en fer forgé, à trois lumières;
xvi⁰ siècle.

94 — Deux Appliques à une lumière en fer forgé;
xvie siècle.

95 — Paire de grands Chenets, à cariatides de lions,
en fer ciselé avec barrette torse ornée de fleurs
de lys aux extrémités; xvie siècle.

96 — Pelle, Pincette et Tisonnier en fer.

97 — Table rectangulaire en bois sculpté; pieds tors à
traverse; style du xviie siècle.

98 — Petite Table servante en bois sculpté, à pieds
tors, style du xviie siècle.

99 — Dressoir, formé par un coffre en bois sculpté du
xvie siècle, surmonté d'une étagère.

100 — Sept Chaises. style Henri II, couvertes en cuir
brun et garnies de clous en cuivre.

101 — Petite Table à balustre en noyer; xvie siècle.

102 — Étagère porte-patère en bois sculpté, style du
xvie siècle.

103 — Glace biseautée, avec cadre en bois noir guilloché,
époque Louis XIII.

104 — Suspension, forme lampe juive, en cuivre poli;
xvie siècle.

105 — Très-beau Lit de milieu, dossier à arcades et colonnes détachées surmontées d'un fronton à
fleurs de lys d'aspect monumental, avec balda-
quins et tentures en drap rouge et bordure à
petits dessins polychromes sur fond blanc, sup-
porté par quatre colonnes en noyer sculpté.

106 — Belle Cheminée en bois sculpté. Le bandeau présente au centre un médaillon à figure de guerrier, et, de chaque côté, des sphynx et des vases de fleurs. Devant les montants se détachent en ronde-bosse deux cariatides d'homme et de femme; xvie siècle.

107 – Beau Meuble à deux corps en noyer sculpté. d'aspect monumental, offrant sur les battants des figures allégoriques en bas-relief, et orné d'incrustations de marbre vert; xvie siècle.

108 — Chaise à haut dossier, couverte en tapisserie à fleurs, pieds à croisillon en noyer; xviie siècle.

109 — Petite Table en noyer, pieds forme ballustre ralliés par un croisillon; xviie siècle.

110 — Fauteuil et deux Chaises en bois sculpté, couverts en velours vert frappé; xvie siècle.

111 — Table rectangulaire en chêne sculpté; xvie siècle.

112 — Glace biseautée, avec cadre en bois noir guilloché; xviie siècle.

113 — Jolie petite Pendule, forme dite *Religieuse*, en ébène, avec ornements en argent repoussé; xviie siècle.

114 — Paire de Vases en cuivre argenté; xvie siècle.

115 — Deux Flambeaux en cuivre argenté: xvie siècle.

116 — Paire de grands Chenêts en fer; xvie siècle.

117 — Pelle et Pincettes en fer et cuivre, avec poignée forme cariatide; xvie siècle.

118 — Tableau représentant un chien nommé *Fleurette*, cadre en bois noir guilloché.

118 *bis* — Tableau par Bentabole (Vue du Havre).

118 *ter* — Aquarelle par Justin Ouvrié.

119 — Six Plats en faïences en Strasbourg et autres.

120 — Potiche avec couvercle de Delft; décor bleu sur blanc.

121 — Deux petits Pichets en porcelaine de la Chine et Tournai.

122 — Paire de Cornets en faïence, style de Nevers, fond bleu, médaillon à figures.

TAPISSERIES, ÉTOFFES

123 — Suite de belles Tapisseries formant une tenture et représentant des allégories *à la guerre des Sabins et des Romains*. Composition de nombreux petits personnages; XVI⁰ siècle.

124 — Portière en tapisserie à personnages; du XVI⁰ siècle.

125 — Suite de belles Tapisseries verdures animées d'oiseaux, de quadrupèdes, avec vues de châteaux en perspective; XVII⁰ siècle.

126 — Deux paires de Rideaux fond noir, avec bandeaux et bordure en tapisserie; XVII⁰ siècle.

127 — Tapis de table en velours noir, avec armoirie en broderie de la Renaissance, bordé de franges jaunes.

128 — Tapis d'Orient polychrome.

129 — Petit Tapis d'Orient, dessin à losanges fond blanc, bordure à petits dessins.

130 — Portière en tapisserie dite *verdure*.

131 — Tapis de table en velours vert, bordure en broderie; style du xvi⁰ siècle.

132 — Tapis en velours noir avec bordure ornée de broderie de soie; xvii⁰ siècle.

133 — Deux paires de Rideaux en satin noir, avec armoiries au centre, bordure, bandeaux et bandes en tapisserie, à petits personnages de la Renaissance.

134 — Tapis de table en velours de Gênes, fond d'argent, dessin vert; xvi⁰ siècle.

135 — Lot de morceaux de Tapisseries, verdures et autres.

136 — Deux Coupes de galons dont une à armoiries.

———

LIVRES. Environ 100 Volumes : Histoire de la faïence de Rouen, par André Pottier, Saint-Simon, Buffon, Dictionnaire, etc.

Quelques Meubles courants, Rideaux, etc.

Coffre-Fort en fer.

Vᵉˢ Renou, Maulde et Cock, imprˢ de la Compagnie des Commissaires-Priseurs, rue de Rivoli, 144.   15364